# BANQUET D'ADIEUX

*Offert le 15 Mars 1890*

A M. LE PREMIER PRÉSIDENT CANTEL

L'annonce du prochain départ de Dijon de M. le Premier Président Cantel a inspiré à plusieurs membres de l'ancienne magistrature la pensée de lui offrir, dans un banquet d'adieux, le témoignage de leurs regrets et de leurs respectueuses sympathies.

Des lettres d'invitation ont été adressées à tous les anciens magistrats du ressort de Dijon ainsi qu'à un certain nombre d'anciens magistrats du ressort de Besançon, où

M. Cantel avait exercé les fonctions de Procureur général.

Quelques membres du barreau, quelques amis, avaient manifesté le désir de s'associer aux sentiments qui avaient inspiré les organisateurs de cette réunion de famille.

Le 15 mars 1890, les convives prenaient place autour d'une table présidée par M. Cantel et par M. Julhiet, ancien Président de Chambre à la Cour de Dijon.

A la fin du repas, M. Julhiet se leva et prononça l'allocution suivante :

Au nom des anciens magistrats du ressort, et par un dernier privilège des fonctions que je remplissais autrefois, j'ai le grand honneur de porter la santé de M. le Premier Président Cantel.

C'est pour la première fois, qu'à Dijon, les survivants de l'ancienne magistrature, victimes, sous des formes diverses, d'une même proscription, se réunissent en assemblée générale.

Ils ont tenu, pour rendre hommage à leur chef, au moment où ils vont s'en séparer, à se grouper ainsi, en famille, autour de lui.

Animés des mêmes sentiments, nos collègues du

dehors, une élite d'amis, de membres du barreau, se sont empressés de se joindre à nous ; il ne m'appartient pas de les en remercier : ils ont ici droit de cité, ils sont des nôtres : qu'ils me permettent seulement de leur dire combien nous nous félicitons de les voir à nos côtés.

MONSIEUR LE PREMIER PRÉSIDENT,

Votre situation dans ce ressort a été telle que les mieux partagés parmi vos collègues auraient pu l'envier : vous étiez respecté et vous étiez aimé! Simplement, sans efforts, votre autorité s'était établie par l'ascendant d'une supériorité personnelle que vos hautes fonctions mettaient en pleine lumière, sans qu'elle eût besoin de leur rien emprunter. Et, en même temps, nul ne pouvait entrer en rapports, avec vous, sans être bientôt captivé par cette naturelle bonté, cette droiture et cette sûreté de caractère qui, chez vous, ne se démentaient jamais. Ainsi, aux qualités éminentes qui font le magistrat vraiment digne du premier rang, vous unissiez celles qui gagnent à l'homme toutes les sympathies. Vous étiez bien, à tous les titres, le chef de la Cour!

Oh! ne craignez pas que je songe à entreprendre ici votre éloge. Votre éloge! nous aimons tous à le faire quand vous n'êtes pas là! Aujourd'hui, je ne saurais oublier la réserve que commande votre présence.

Et que dirais-je, d'ailleurs, qui pût être aussi flatteur pour vous que le fait même de cette réunion, que ce concours d'hommes de cœur, si nombreux encore autour de vous, malgré les vides que l'éloignement et la mort, hélas ! ont faits dans leurs rangs, et qui tous, à l'heure de votre départ, viennent vous témoigner leur déférence et leur attachement ?

Aussi bien, en aucun temps, ces marques significatives de la considération dont vous étiez entouré ne vous ont fait défaut : il y eut, dans ce pays, une explosion d'indignation et de regrets pour accueillir la mesure révolutionnaire qui vous arrachait de votre siège, et le barreau dijonnais, témoin si clairvoyant, juge si compétent de votre vie judiciaire, était bien aussi l'interprète du sentiment public lorsque, sous la conduite de son éminent et regretté bâtonnier, il vous apportait cette protestation dont les termes ont retenti jusqu'à la tribune de nos assemblées.

Oui, toutes les réparations que la conscience des honnêtes gens pouvait opposer à l'injustice des partis, vous les avez reçues.

Votre disgrâce, venant d'où elle venait, était déjà un honneur, un hommage à votre loyale indépendance. Les manifestations qu'elle a provoquées en ont fait le couronnement et comme la glorification d'une carrière toute de travail, de dévouement au devoir et à la justice.

Votre famille judiciaire, Monsieur le Premier Président, garde fidèlement ces souvenirs dont, pour sa part aussi, elle a le droit d'être fière, puisqu'elle a partagé avec vous l'honneur de la proscription; mais aujourd'hui elle est surtout dominée par la tristesse d'une prochaine séparation.

Ce sont des adieux que nous vous adressons : vous étiez resté notre chef, grandi par l'épreuve, plus respecté et plus aimé s'il était possible : votre présence était pour nous un appui et une force, et c'était auprès de vous que nous étions toujours heureux de venir, dans les circonstances difficiles, chercher un bon conseil comme auprès du guide le plus éclairé, de l'ami le plus bienveillant et le plus sûr. Ah! nous sentons bien toute l'étendue de la perte que nous allons faire.....

Mais je ne dois pas me laisser entraîner à des impressions qui, je le sais, vous émeuvent aussi profondément que nous.

Je veux me rattacher à la pensée qui, dans une certaine mesure, peut encore tempérer nos regrets : les liens qui nous unissent ne se brisent pas! Ils subsisteront comme l'affection subsiste, malgré l'absence, entre les membres d'une même famille.

Nos sentiments pour vous ne sauraient s'affaiblir et,

nous en sommes bien assurés aussi, du Dauphiné où vous rappellent tant d'intérêts, tant de chers souvenirs et où vous attendent vos enfants, vos regards se tourneront souvent vers cette terre de Bourgogne, où vous avez été si bien apprécié et où vous laissez de si chaudes sympathies.

Et alors, puisque de part et d'autre nous ne cesserons de le désirer, comment les occasions de réunions nouvelles ne naîtraient-elles pas ? Nous nous retrouverons : le sombre moment de la séparation s'éclaire encore d'une espérance. Nous vous disons adieu, mais en ajoutant avec confiance : Au revoir !

M. le Premier Président Cantel prenait ensuite la parole, et, d'une voix altérée par une émotion que partageaient tous ceux qui l'entouraient, répondait à M. Julhiet dans les termes suivants :

Mes chers Collègues et excellents Amis,

Je ne trouve pas de paroles pour exprimer, comme je le sens, à quel point je suis touché du témoignage de sympathie que vous me donnez. Merci à ceux d'entre vous qui ont pris l'initiative de cette réunion, à ceux qui ont mis tant de dévouement à l'organiser, à vous tous, chers collègues et amis qui êtes venus ici, quelques-uns de l'extrémité du ressort et même d'un ressort voisin, avec un empressement dont j'ai le droit d'être fier.

Le langage si affectueusement ému de M. le Président Julhiet m'est allé au cœur. Vous l'avouerai-je cependant? Je crains de ne pas mériter les éloges qu'il m'a adressés, et j'ai quelque difficulté à me reconnaître dans le portrait qu'il a fait de moi. Je ne puis toutefois que le remercier, car je connais sa parfaite sincérité; l'amitié qu'il veut bien me porter lui a, sans doute, fait illusion, mais je suis sûr que ce qu'il a dit il le pense, et c'est un grand honneur pour moi qu'un magistrat de la valeur de M. le Président Julhiet puisse penser tout ce qu'il vient de me dire.

Cette réserve faite, je n'ai plus qu'à rendre hommage aux sentiments qu'il a si noblement exprimés. Oui, la meilleure, la plus complète harmonie régnait dans notre famille judiciaire avant qu'elle eût été dispersée par les orages de la politique. Décimés par l'absence, et, hélas! aussi par la mort, l'estime et l'affection réciproque qui nous unissaient ont survécu à nos disgrâces et viennent s'affirmer aujourd'hui dans ce banquet fraternel.

Ma joie de me trouver au milieu de vous serait sans mélange, si je pouvais oublier que cette soirée aura un lendemain. Mais demain c'est la séparation et mon cœur se serre en y pensant.

Quand je suis venu à Dijon, il y a bientôt douze ans, j'espérais y planter définitivement ma tente, puis, arrivé au terme de ma carrière de magistrat, vivre à côté de mes anciens collègues, de cette famille judiciaire que j'aurais vue se former et grandir autour de moi.

Vous savez comment ces espérances ont été trompées, car vous aussi, mes chers collègues, vous avez eu les mêmes espérances et subi les mêmes déceptions. Nous sommes tombés, non pas le même jour, mais en défendant la même cause, celle de la justice et du droit.

En jetant les yeux autour de cette table, je peux suivre, en quelque sorte, les étapes successives de l'immolation de la Magistrature.

J'aperçois d'abord les victimes de la première heure, ces membres du parquet qui, au lendemain de l'avènement de M. Grévy au pouvoir, furent enveloppés dans la disgrâce de leur Procureur général, un enfant de Dijon, qui portait si dignement un nom des plus respectés de la magistrature bourguignonne.

A côté d'eux et en bien plus grand nombre, je vois ceux qui, à la suite des décrets contre les congrégations religieuses, brisèrent volontairement leur carrière plutôt que de concourir à des actes que leur conscience de chrétiens réprouvait comme sacrilèges, que leur conscience de jurisconsultes condamnait comme entachés d'illégalité.

Quelques-uns d'entre vous, à qui les mêmes services n'avaient pas été demandés, restaient debout à leur poste, mais ils ne dissimulaient pas leurs sentiments, et, pour eux, la révocation ne se fit pas attendre.

Puis vint le tour de la magistrature assise. Elle aussi s'était rendue coupable d'indépendance. Presqu'à l'unanimité, elle s'était prononcée contre la jurisprudence que la voix de M. Cazot faisait triompher devant le tribunal des conflits. Au mépris du principe de l'inamovibilité qui, depuis le commencement du siècle, avait résisté à trois révolutions successives, la loi de 1883 permit au gouvernement républicain de faire descendre de leurs sièges plus de 600 magistrats. La conscience publique a fait justice de cette inique mesure, à propos de laquelle la *Revue des Deux Mondes* disait, il y a quelques jours, dans sa livraison du 1er mars : « Cette parodie de réforme n'a eu qu'un » but et qu'un résultat : donner au pouvoir des juges » plus dociles et au parti des places mieux rétri» buées. »

Si je rappelle ces souvenirs, ce n'est point pour me laisser aller à de vaines récriminations, mais pour indiquer l'un des caractères, et non le moins remarquable, de notre réunion.

Avant tout, je le sais, vous avez voulu donner à celui qui fut votre chef, une preuve d'affection qu'il n'oubliera jamais ; mais, en même temps, sans que vous l'ayez prémédité, par cela seul que nous sommes réunis, il s'élève contre ce qu'on a appelé l'épuration de la magistrature, une protestation qui, pour être muette, n'en a pas moins son éloquence. En voyant assis à ce banquet — qui rappelle un peu ces agapes où les premiers chrétiens venaient se fortifier et s'encourager les uns les autres contre les persécutions, — de nombreux magistrats qui tous, j'ai le droit de l'attester, étaient absolument irréprochables dans leurs fonctions, et qu'on a frappés uniquement parce qu'ils étaient suspects d'indépendance vis-à-vis du pouvoir ou de fidélité à leurs croyances, il est impossible qu'un sentiment de réprobation ne surgisse dans toutes les âmes honnêtes.

Le jour des justes réparations viendra-t-il ? Pour mes contemporains et pour moi j'y compte peu ; mais pour ceux qui sont plus jeunes, et j'en vois beaucoup ici, je ne crains pas de l'espérer ; ce serait un beau jour que celui où j'assisterais, même comme simple témoin, à la restauration des proscrits.

La persécution qui s'est appesantie sur nous ne s'est point, grâce à Dieu, étendue jusqu'au barreau, qui appartient, lui aussi, à la grande famille du Palais. Malgré quelques sourdes menaces du radicalisme, il a pu rester ce qu'il était et conserver tous ses privilèges, dont un des plus nobles, à coup sûr, est de pouvoir offrir un refuge aux magistrats dépouillés de leurs fonctions. Je sais quelle grande place ont prise, dans ses rangs, ceux de nos jeunes collègues qui sont allés lui demander asile, et c'est avec un sentiment de légitime satisfaction que je salue, dans le bâtonnier de cette année et dans celui qui l'a précédé, deux des membres les plus distingués de nos anciens parquets. Les plus belles années de ma vie sont celles où j'ai porté la robe d'avocat. Rien ne pouvait plus me toucher, ce soir, que de voir assis à côté de nous ceux qui la portent aujourd'hui avec tant de distinction et qui veulent bien ne pas oublier que j'ai été leur confrère. L'un de mes regrets, et ce n'est pas le moins vif, est de ne plus les entendre à la barre et de ne pouvoir applaudir que de loin à leurs succès.

Si les portes du Palais ne doivent plus se rouvrir devant moi, je puis dire que j'ai reçu ma récompense, et c'est vous, chers collègues et amis, qui me la donnez aujourd'hui. La manifestation de ce soir est, à coup sûr, la plus haute et la plus douce consolation qu'il me fût permis d'espérer, et cette date du 15 mars 1890 est désormais inoubliable pour moi.

Lorsqu'arrivé près du terme de l'existence, on jette

un regard sur le passé, quelques dates s'en détachent : les unes sombres et tristes, ce sont, hélas ! les plus nombreuses, les autres lumineuses et sereines. Les anciens marquaient les premières d'une pierre noire, les secondes d'une pierre blanche. Malgré tout ce qui se mêle, pour moi, d'amer à ce banquet d'adieu, je le marquerai d'une pierre blanche ; j'en conserverai précieusement et à jamais le souvenir.

Et maintenant encore une fois merci et adieu. Mais je ne veux pas que le mot adieu soit le dernier qui sorte de mes lèvres, et, répondant à l'appel que m'adressait tout à l'heure mon excellent collègue et ami, le Président Julhiet, j'ajouterai : Au revoir.

Au revoir en Dauphiné à ceux d'entre vous qu'attireront ses belles montagnes et ses stations d'eaux thermales.

Au revoir à Dijon, car j'ai trop aimé cette ville pour ne pas désirer y revenir, à Dijon qu'Henri IV appelait la ville aux beaux clochers, qui a peut-être perdu quelques fleurons de cette couronne, mais qui restera la ville aux cœurs généreux, aux intelligences droites et fermes, aux amitiés sincères et solides.

---

M. René Gouget, avocat à Dijon, portait alors à M. Cantel, au nom des membres du barreau présents, un toast dont voici les termes :

Monsieur le Premier Président,

Le 24 août 1883, le Conseil de l'ordre des Avocats de Dijon, son bâtonnier en tête, vous faisait sa visite de fin d'année, que, par un de ces pressentiments douloureux qui ne trompent guère, il considérait déjà comme une visite d'adieux.

Aucun de ceux qui assistèrent à cette dernière entrevue du barreau et du chef éminent que la Cour allait perdre ne saurait, sans émotion, en évoquer le souvenir, et nul d'entre nous, j'ose le dire, Monsieur le Premier Président, n'a oublié cette allocution touchante dans laquelle vous vouliez bien exprimer, en termes si élevés, vos sentiments à l'égard de notre Ordre et, en particulier, à l'égard du barreau de Dijon.

Aujourd'hui, et à l'heure où votre départ prochain de notre ville vient comme accentuer encore cette séparation, en ravivant nos sympathies et nos regrets, permettez-moi, au nom des avocats présents à cette réunion intime, à cette réunion d'amis, de vous offrir le nouvel hommage de notre respectueuse affection.

C'est un honneur dont je ne me sens guère digne.

Il faut, hélas ! pour qu'il m'échoie, qu'ils ne soient plus là, ces deux Maîtres éminents que vous vîtes à notre tête, dont le nom est sur toutes les lèvres, le souvenir dans tous les cœurs, et qui eussent tenu à honneur, l'un comme l'autre, de voir leur place marquée à cette fête des adieux !

Il faut encore, pour qu'ici je parle au nom des Avocats, qu'à un autre titre s'y rencontrent ces confrères d'aujourd'hui, magistrats hier, qui, descendus de leur siège le jour où leur conscience leur en fit un devoir, sont venus grossir nos rangs et enrichir notre barreau de la dignité de leur caractère et de l'éclat de leur talent.

Voilà, Monsieur le Premier Président, ceux qui, dans un langage digne de vous, auraient pu vous exprimer, comme il convenait, les sentiments dont nos cœurs sont remplis.

Laissez-moi cependant vous adresser ces simples paroles qui les résument.

Vous-même, Monsieur le Premier Président, et nous en sommes grandement fiers, vous avez été des nôtres, et, avant d'être appelé par un grand avocat, M. le Ministre Dufaure, à ces hautes fonctions judiciaires si magistralement et si dignement remplies, pendant longtemps vous avez compté parmi les Maîtres du barreau de France. C'est donc tout d'abord l'ancien avocat, l'avocat modèle par son savoir, par son caractère élevé et son talent, que je salue en vous, heureux et fier, je le répète, d'affirmer sur votre nom et en votre personne l'honneur traditionnel et la force indestructible de notre Ordre!

Permettez-moi de vous dire aussi que, bien qu'au début de ma carrière, à votre arrivée à la Cour, il m'a été donné, comme à tous ceux qui vous approchaient, d'apprécier, sous votre présidence, ces qualités maîtresses qui font les grands magistrats : science profonde, impartialité, indépendance, modération et, venant les rehausser encore, cette bienveillance et cette aménité qui appellent la confiance et qui commandent les sympathies.

Les nôtres, Monsieur le Premier Président, vous sont à jamais acquises. Elles vous suivront dans votre retraite prématurée, et, s'il plaisait à Dieu qu'elle fût définitive, dites-vous bien que, non-seulement parmi ceux qui ont eu l'honneur d'être vos collègues, mais dans ce Palais même de Dijon, où votre souvenir restera vivant, vous comptez encore nombre d'admirateurs sincères, nombre de fidèles et respectueux amis.

C'est en leur nom que je porte ce toast :

« A notre ancien confrère! Au grand avocat qui « fut un grand magistrat!

« A M. le Premier Président Cantel! »

M. Estignard, ancien avocat général à Besançon, apportait, au nom de l'ancienne magistrature de Franche-Comté, son tribut d'hommages et de regrets à l'ancien chef de la Cour de Dijon, et s'exprimait ainsi :

MESSIEURS,

Je vous remercie d'avoir songé à vos amis de Franche-Comté, victimes comme vous des haines radicales, de l'arbitraire républicain, tombés comme vous au champ d'honneur ; je vous remercie de me fournir l'occasion de rendre un public hommage de haute estime, de respect profond à l'homme éminent qui pendant plusieurs années a rempli les fonctions de chef du parquet de la Cour de Besançon.

M. le Président Julhiet rappelait tout à l'heure sa vie judiciaire parmi vous. Ce qu'il a été à Dijon, M. Cantel l'a été dans notre pays, magistrat hors pair par la science, par la doctrine, par l'art de bien dire, et surtout par l'honnêteté, cette vertu si précieuse et aujourd'hui rare, sachant allier dans un parfait équilibre la fermeté, l'élévation du caractère à la plus exquise délicatesse de la conscience et des sentiments. Comme dans votre province, il était entouré d'amitiés ardentes et dévouées ; il en est une qui me touchait de près et qui lui est restée fidèle jusqu'à la mort. Sa modération, son esprit de justice et d'équité auraient dû désarmer nos adversaires politiques; sa carrière avait été l'œuvre du travail professionnel et du temps; sa haute situation, il ne l'avait due qu'à ses mérites; mais nous vivons à une époque où l'impartialité est considérée comme une faute, l'indépendance comme un acte d'hostilité: c'était un magistrat, il devait tomber. Sa vie mérite d'être donnée comme exemple et comme guide; c'est la pensée de nous tous, non-seulement des anciens magistrats, mais du barreau, de tous les hommes de cœur, qui, sans avoir été atteints par les coups du sort sur le champ de la politique, ont bien voulu se joindre à nous. Veuillez m'excuser, Monsieur le Premier, si votre modestie a à souffrir de ces éloges mérités; je devais rappeler l'impression, les souvenirs toujours vivants que vous avez laissés dans toute la Comté.

La Bourgogne a été cruellement éprouvée; nous aussi, nous avons vivement ressenti dans tout le ressort de Besançon le coup porté, dans la personne des magistrats, à cette grande institution de la magistrature française, autrefois entourée de tous les respects pour sa science et son intégrité. Jamais, à aucune époque, pareille hécatombe ne s'était produite. A Baume-les-Dames, un tribunal tout entier a été frappé.

Quatre conseillers à la Cour ont été expulsés. Les magistrats les plus modestes n'ont pas été épargnés. Juges de paix, suppléants de juges de paix sont tombés successivement sous le coup de lâches dénonciations.......

Je m'incline avec respect devant l'un des plus dignes représentants de notre vieille magistrature; qu'il emporte dans son pays la certitude que son souvenir restera toujours vénéré parmi nous.

Enfin M. Villard, avocat à Langres, ancien bâtonnier, donnait lecture d'une pièce de vers composée pour la circonstance par M. Condaminas, ancien Conseiller à la Cour de Dijon, auquel l'éloignement n'avait pas permis de se rendre à l'appel qui lui avait été adressé, et faisait précéder cette lecture de ces quelques mots :

MONSIEUR LE PREMIER PRÉSIDENT,
MESSIEURS,

Je dois au heureux hasard d'un voyage à Dijon et à l'appel — un peu téméraire — de quelques-uns d'entre vous, de représenter ici l'un de mes amis de jeunesse absent. Et je ne m'en plains pas, puisque j'ai ainsi l'occasion de saluer avec vous tous l'éminent magistrat qui nous quitte et de le prier d'agréer l'hommage de mes regrets et de mes souvenirs.

J'ai quelquefois, en effet, plaidé devant vous, Monsieur le Premier Président, et je me rappelle la bienveillance de votre accueil et de votre attention. Je n'ai pas oublié non plus qu'au jour de l'expulsion des Dominicains de Langres, dont j'étais doublement l'ami, puisque j'avais eu le bonheur d'être celui du P. Lacordaire, je n'ai pas oublié avec quel empressement vous avez répondu à une demande que je vous avais adressée pour eux.

Permettez-moi donc, Monsieur le Premier Président, de vous saluer aujourd'hui en leur nom et au mien avec ces souvenirs et un respect qui vous seront fidèles dans votre noble retraite.

Et maintenant le *porte-drapeau*, — car c'est mon titre — doit céder la parole au conseiller-poète, à M. Condaminas, qui a formulé sa pensée et ses regrets dans des vers charmants — et vrais — auxquels, j'en suis certain, vous applaudirez tous.

---

# LE DRAPEAU

Après bien des jours de bataille
Un matin fut livré l'assaut.
On frappait d'estoc et de taille,
Mais les assiégés, le front haut,
Criaient : Défendons la justice!
Que l'éclat de son pur flambeau
Jamais dans nos mains ne pâlisse ;
Le bon droit c'est notre drapeau.

Hélas! c'était à l'heure sombre
Où la force primait le droit.
Ils succombèrent sous le nombre.
Au passage le plus étroit
Ils quittèrent la citadelle
Avec leur glorieux lambeau :
En sortant, la troupe fidèle
Gardait l'honneur et son drapeau.

Sept ans après, de leur courage
Pour célébrer le souvenir,
C'est là qu'un fraternel message
Entreprit de les réunir.

Mais la mort, le temps, la distance
Avaient bien réduit le faisceau
Des braves dont la conscience
Vibrait toujours pour le drapeau.

Celui dont la voix et l'exemple
Savaient si bien les rallier,
Leur chef, gardien de l'ancien temple,
Partait pour son lointain foyer.
Esprit, dignité, caractère,
Portant tout au noble niveau,
Il forçait même l'adversaire
A fléchir devant son drapeau.

La phalange une fois encore
Autour de lui serra ses rangs,
Pour montrer comment l'on honore
Ceux que l'épreuve rend plus grands.
En lui remettant le symbole
De la foi, de l'espoir nouveau,
On lui dit l'adieu qui console :
Avec vous vivra le drapeau...

Tous ceux qui ont pu prendre part à cette émouvante réunion seront heureux de retrouver et de conserver le texte des discours dans lesquels leurs sentiments ont été si éloquemment interprétés.

La publication qui en est faite a pour objet de leur donner cette satisfaction, comme aussi d'offrir un dédommagement aux anciens magistrats du ressort de Dijon qui n'ont pu venir s'associer à l'hommage si justement rendu à leur vénéré et regretté Premier Président.

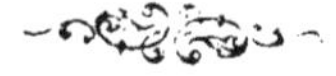

(703) IMP. JOBARD.

www.ingramcontent.com/pod-product-compliance
Ingram Content Group UK Ltd.
Pitfield, Milton Keynes, MK11 3LW, UK
UKHW020536180726
13839UKWH00006B/2552

9 782329 553764